This Book BELONGS TO

COLOR THIS PAGE

COLOR THIS PAGE

COLOR THIS PAGE

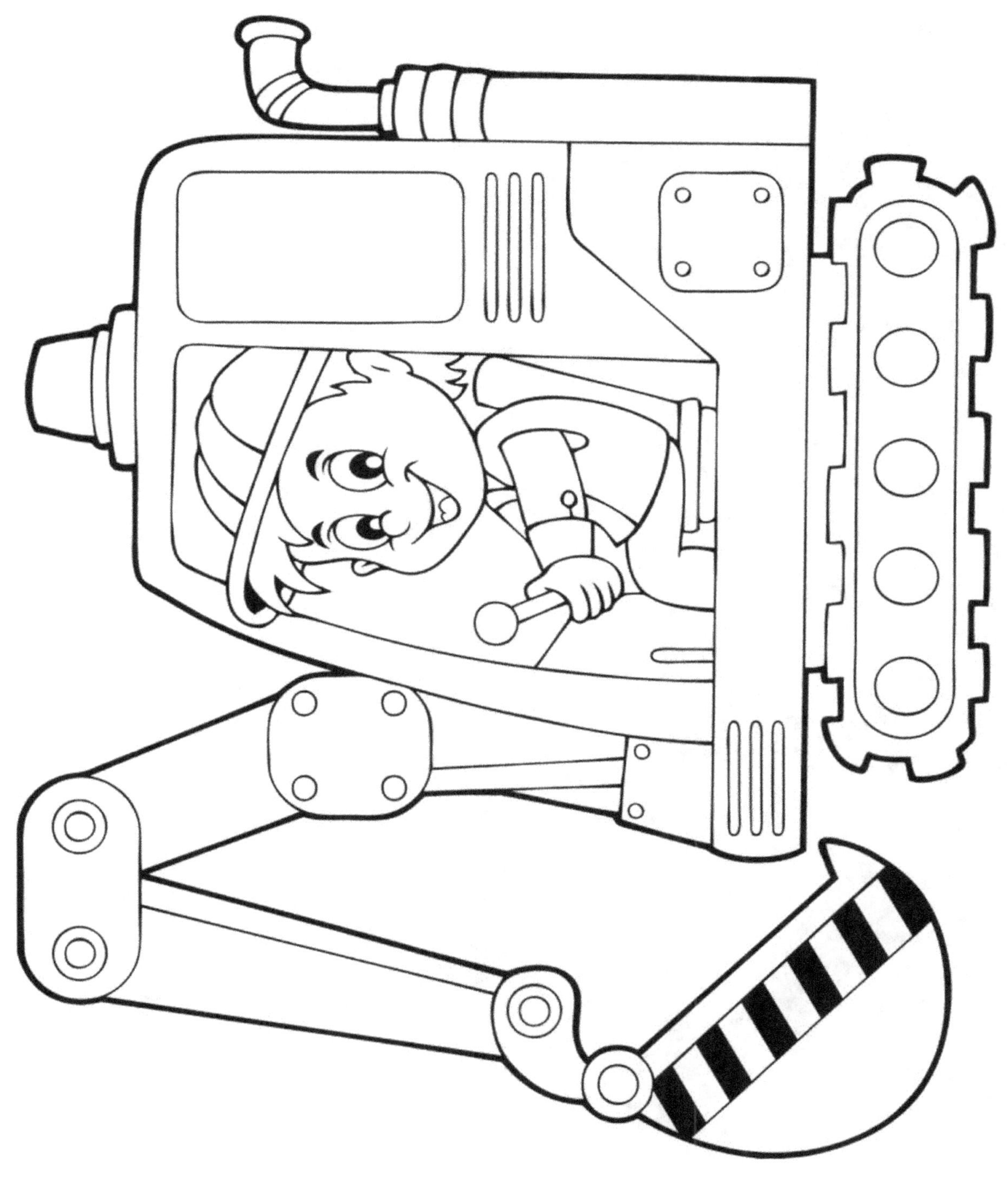

COLOR THIS PAGE

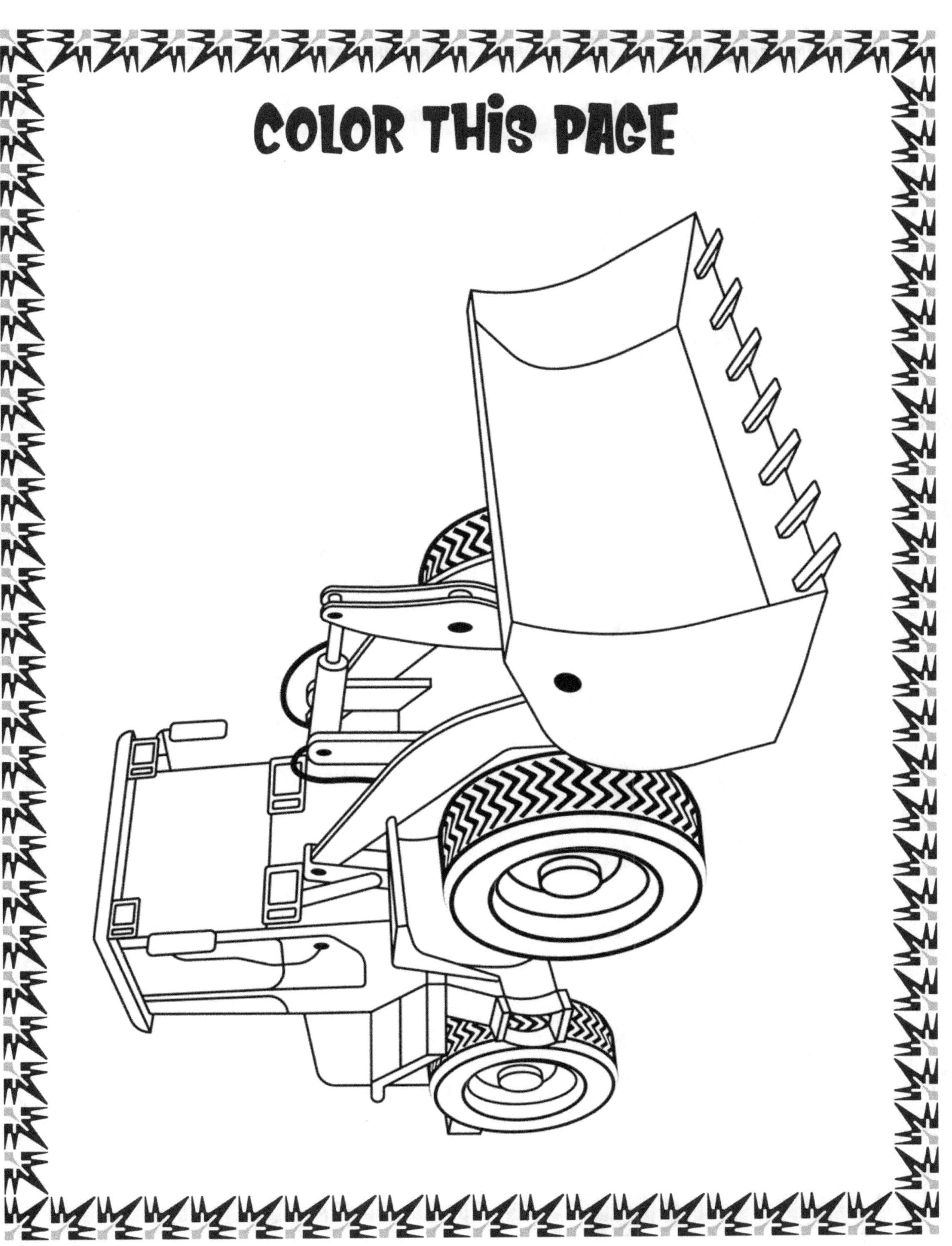

COLOR THIS PAGE

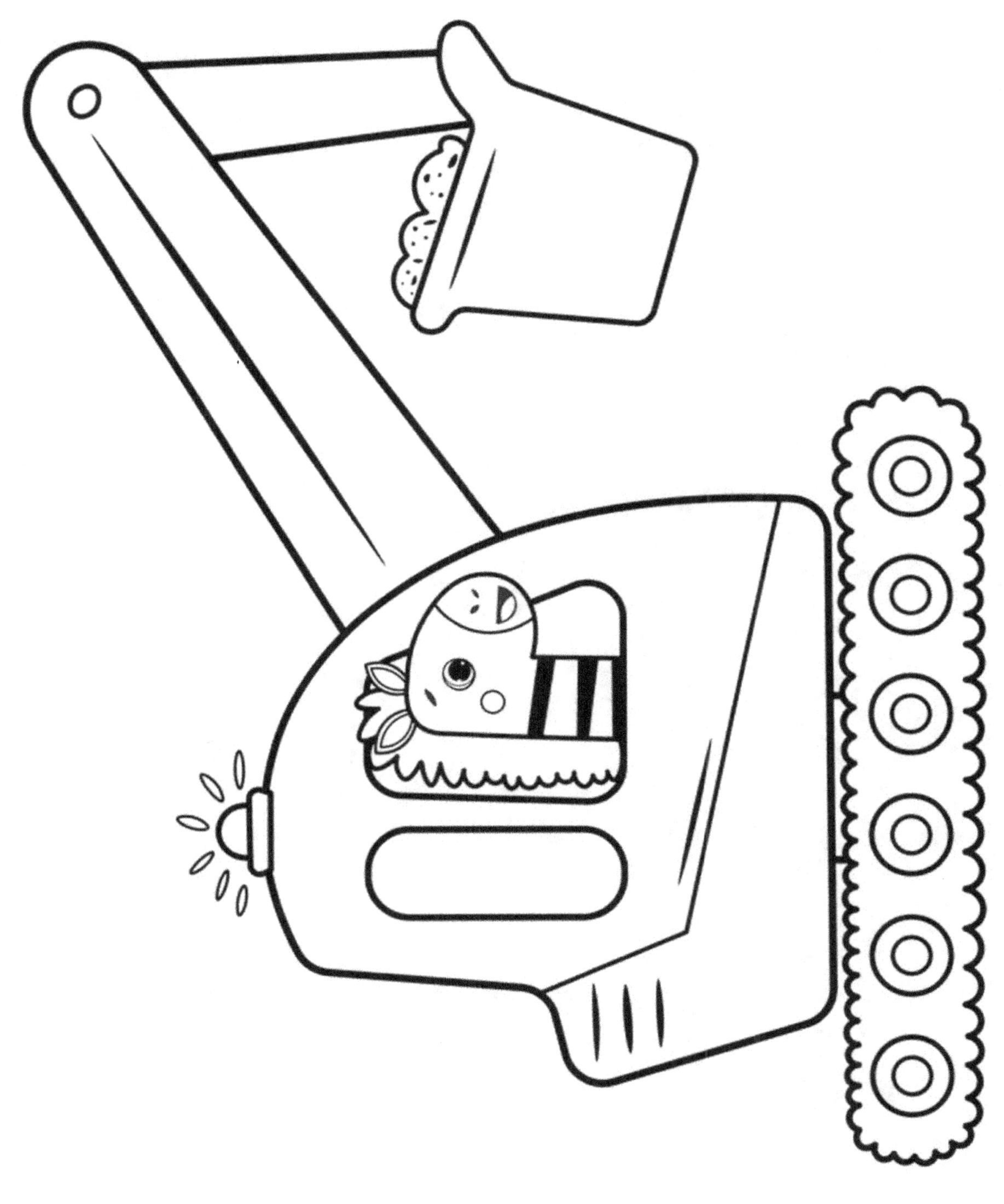

COLOR THIS PAGE

COLOR THIS PAGE

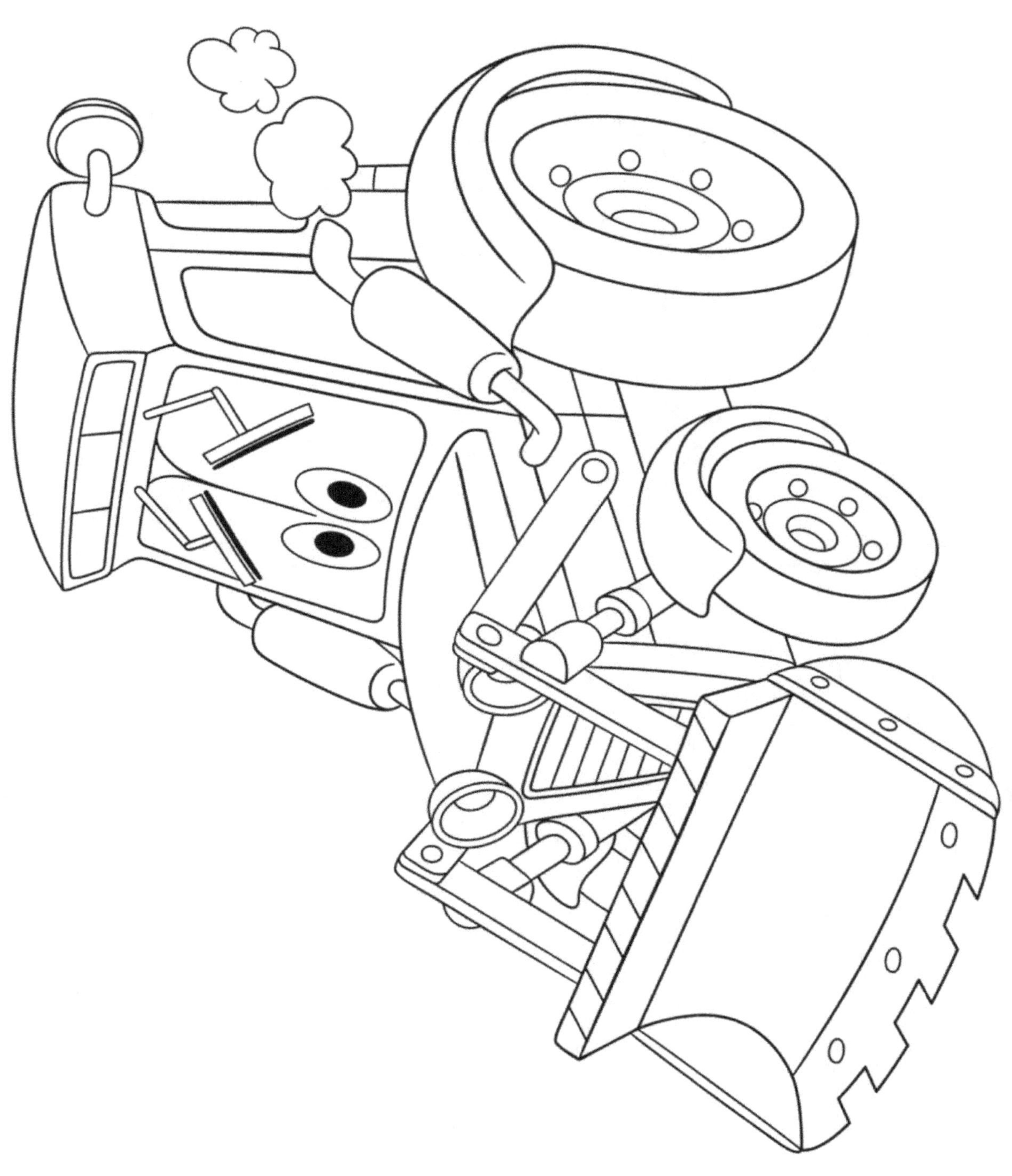

COLOR THIS PAGE

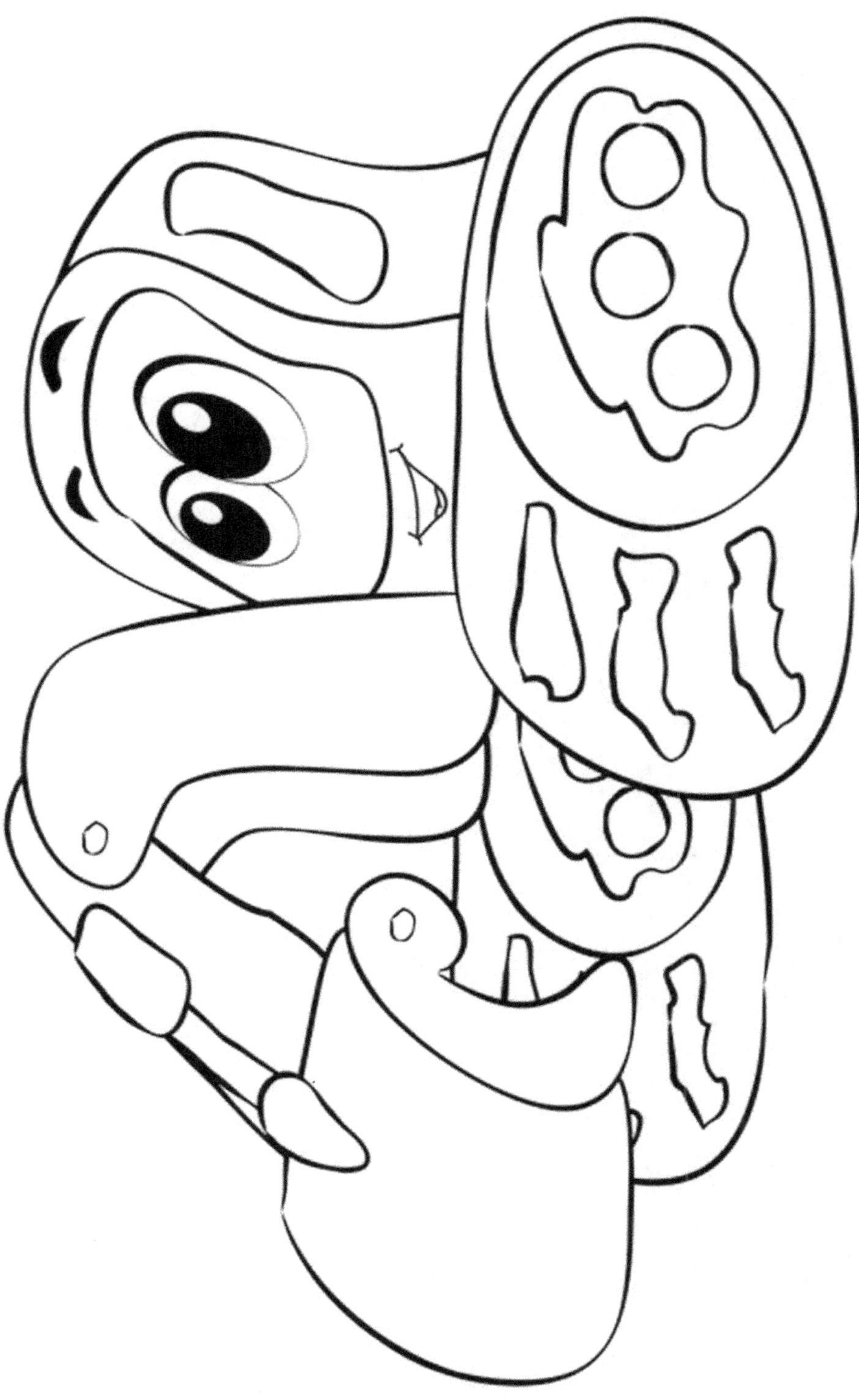

COLOR THIS PAGE

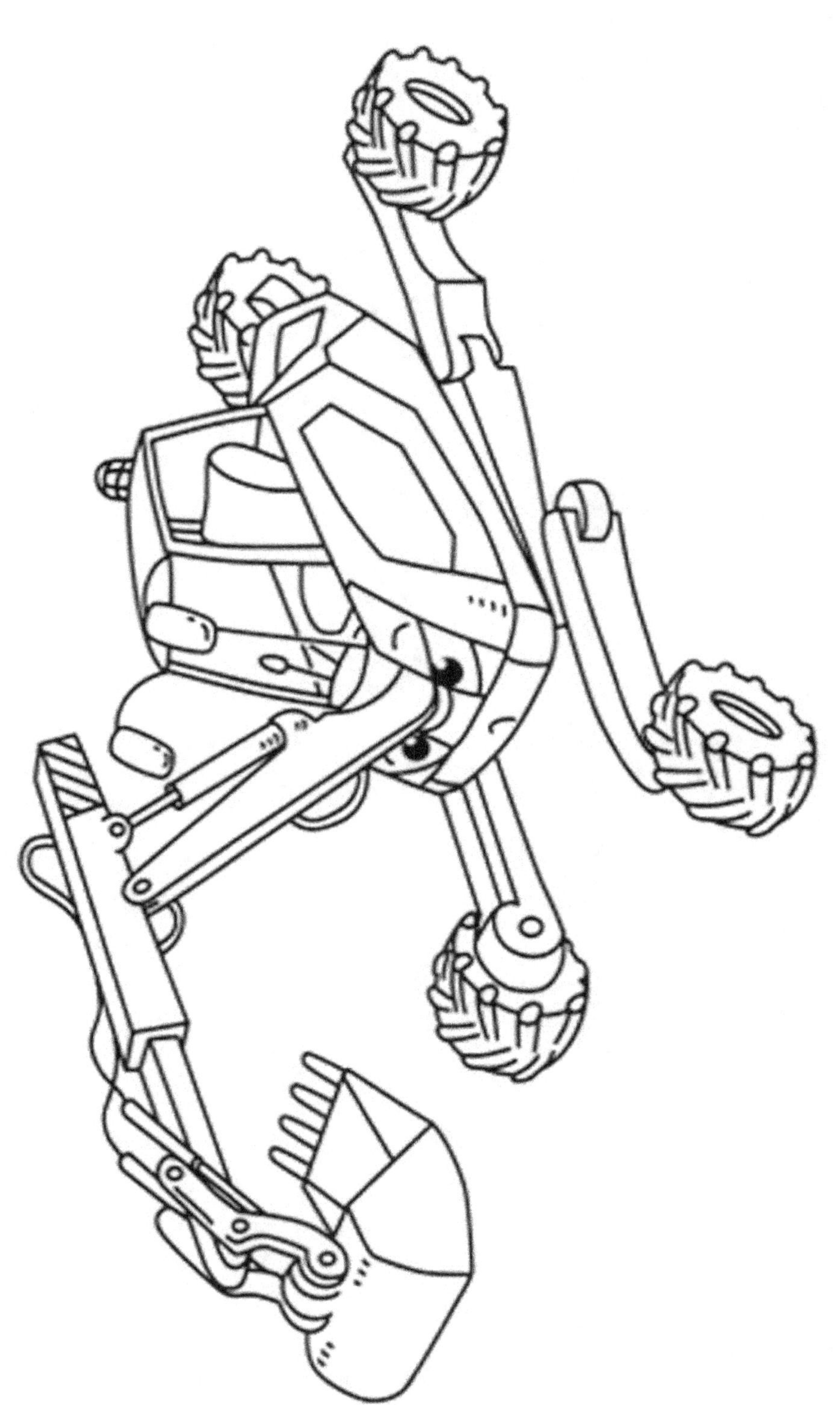

COLOR THIS PAGE

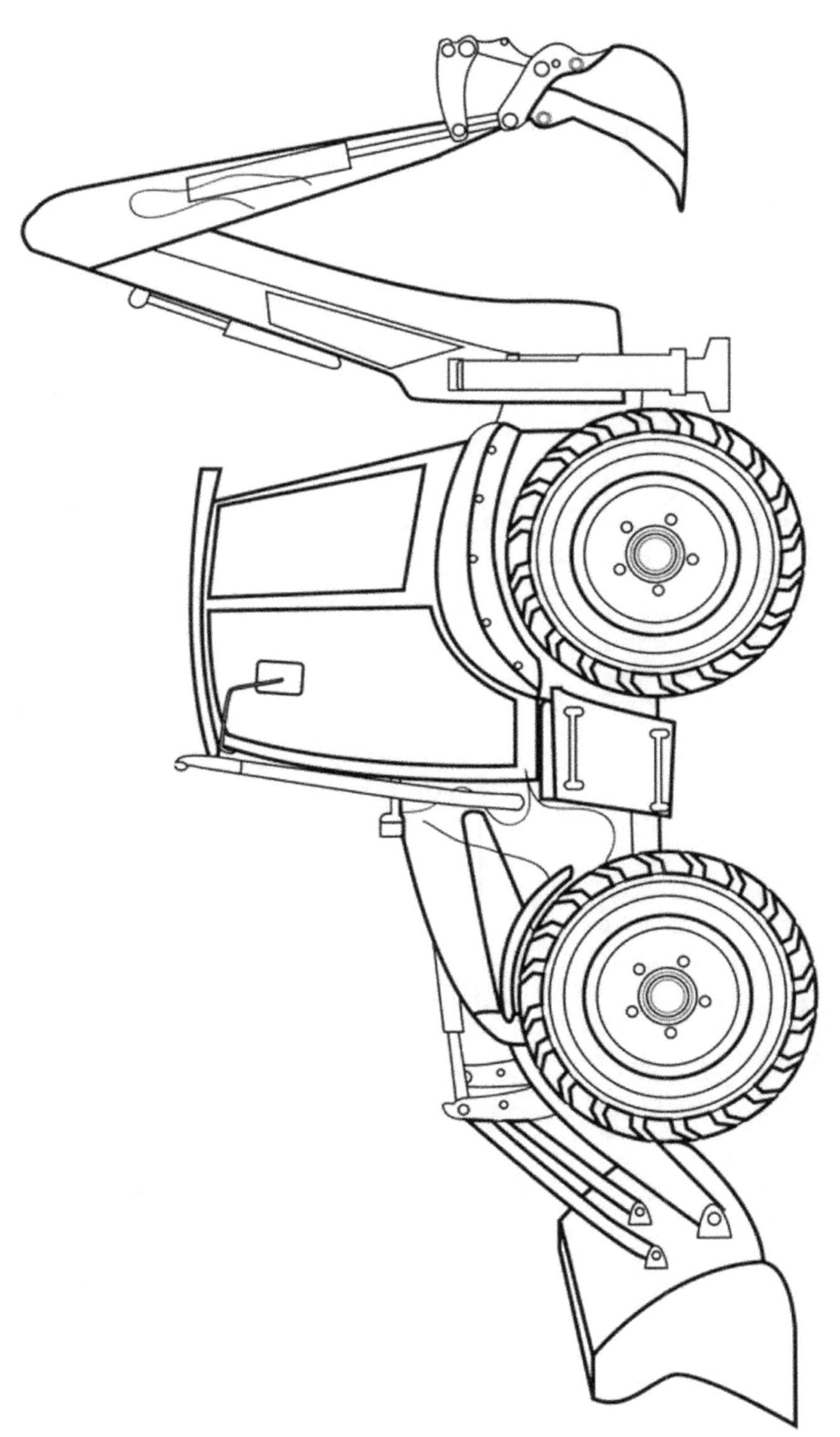

COLOR THIS PAGE

COLOR THIS PAGE

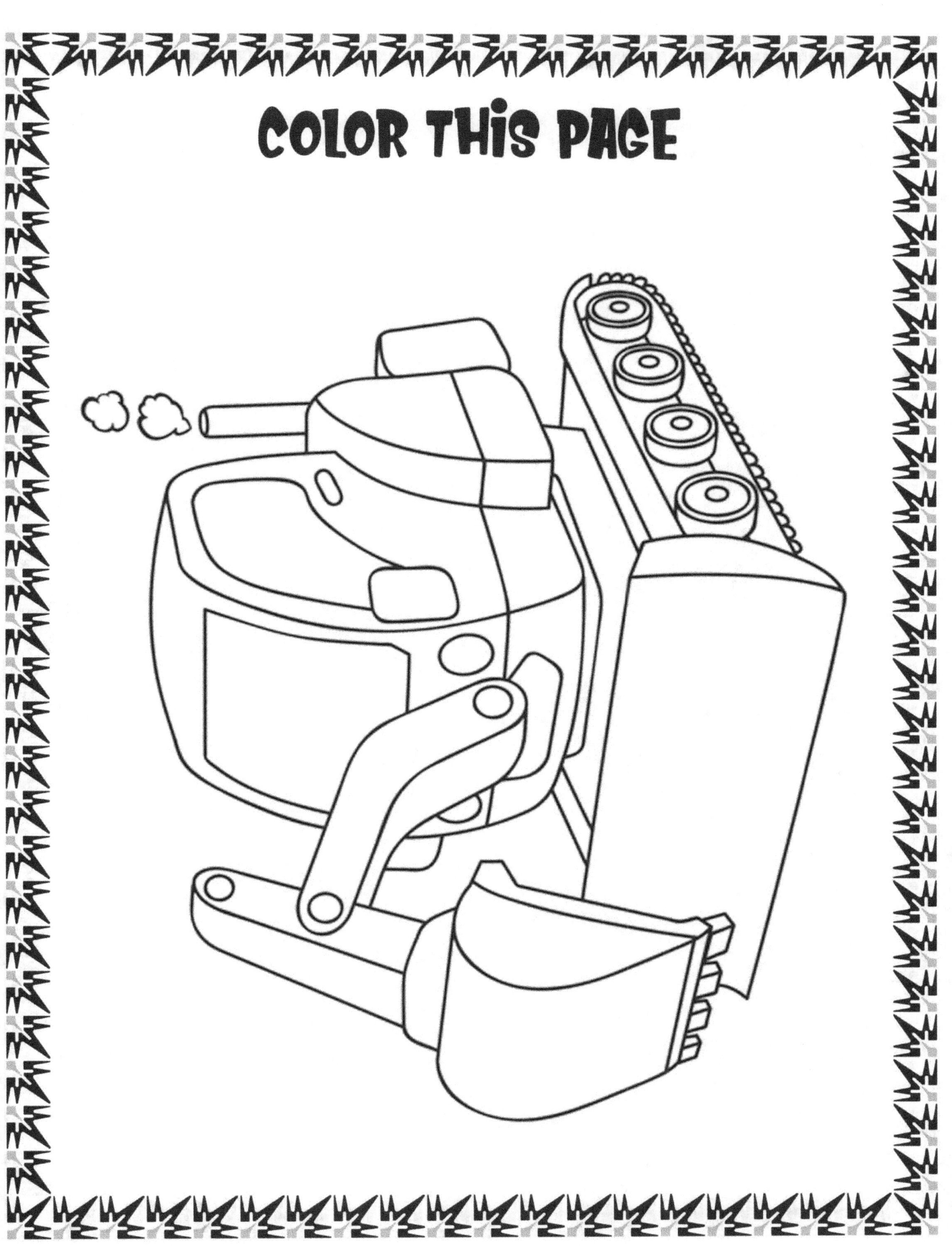

COLOR THIS PAGE

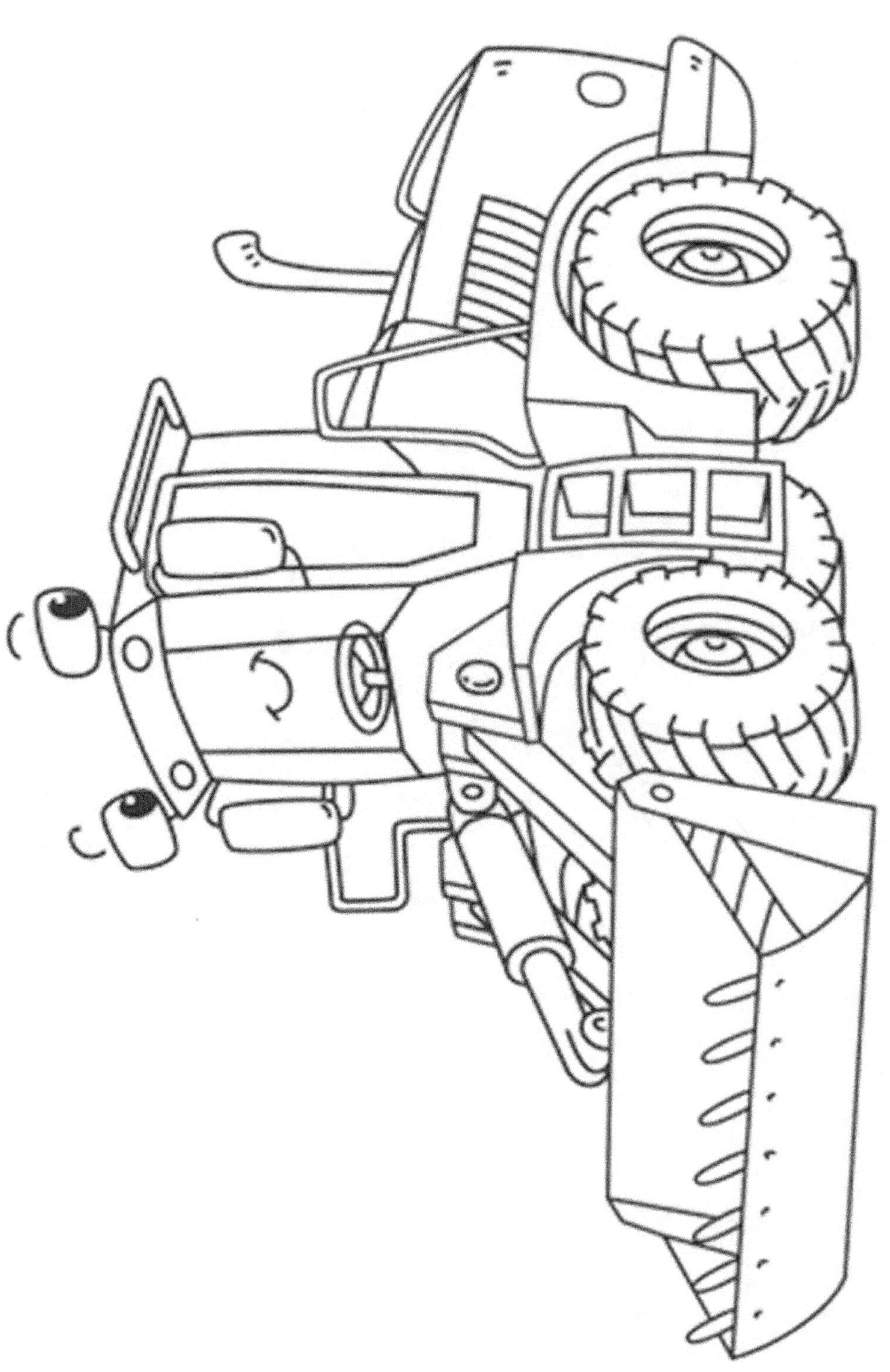

COLOR THIS PAGE

COLOR THIS PAGE

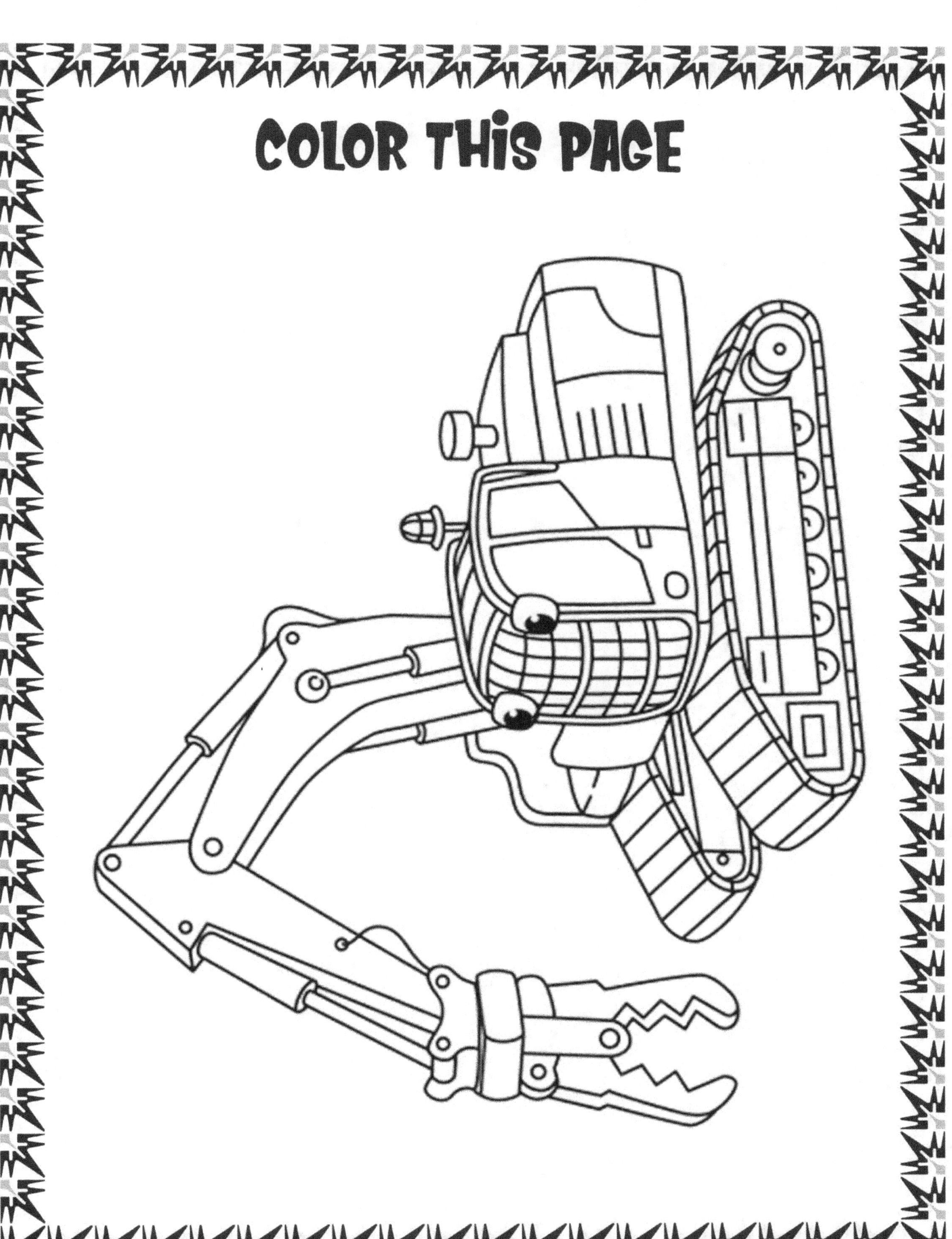

COLOR THIS PAGE

COLOR THIS PAGE

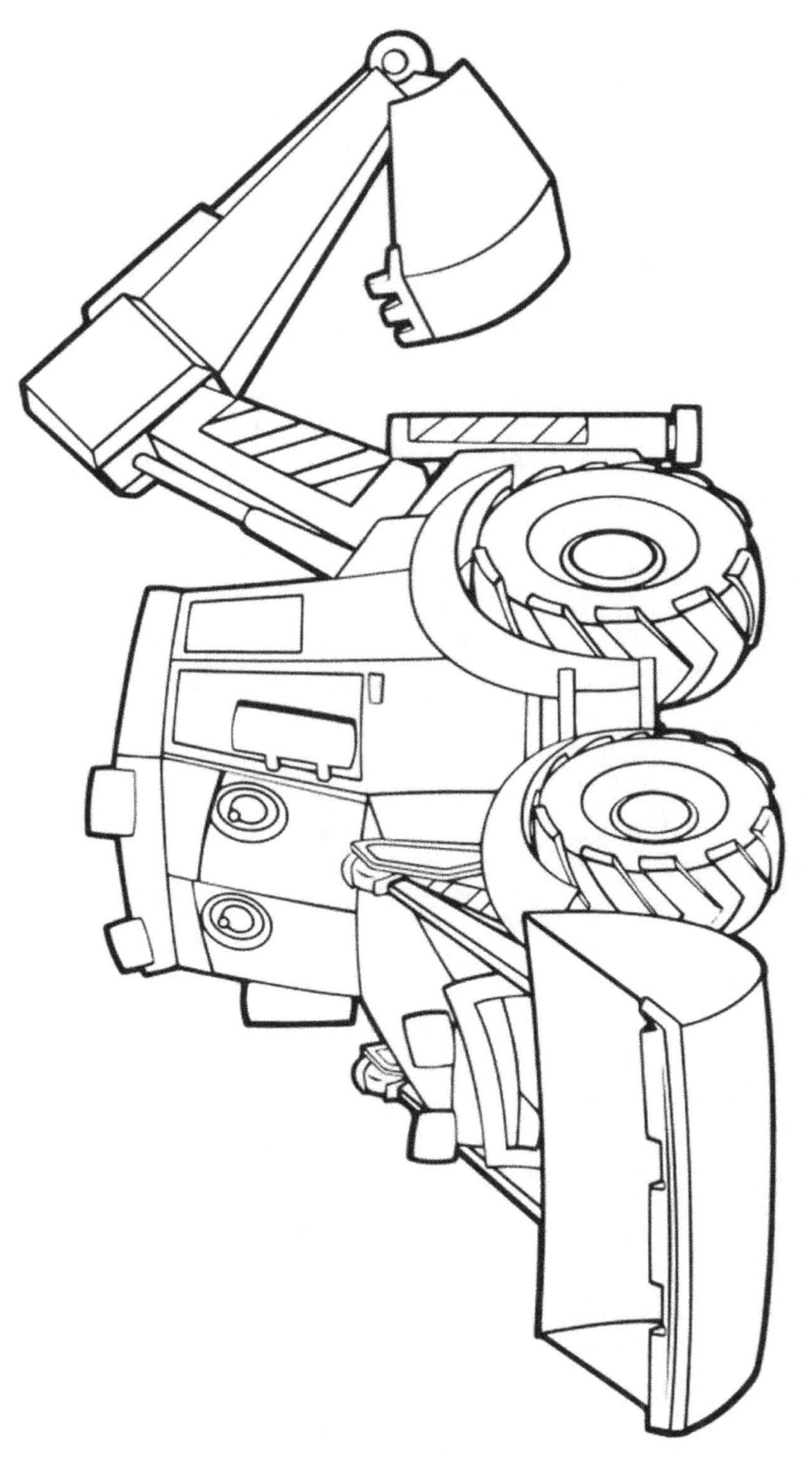

COLOR THIS PAGE

COLOR THIS PAGE

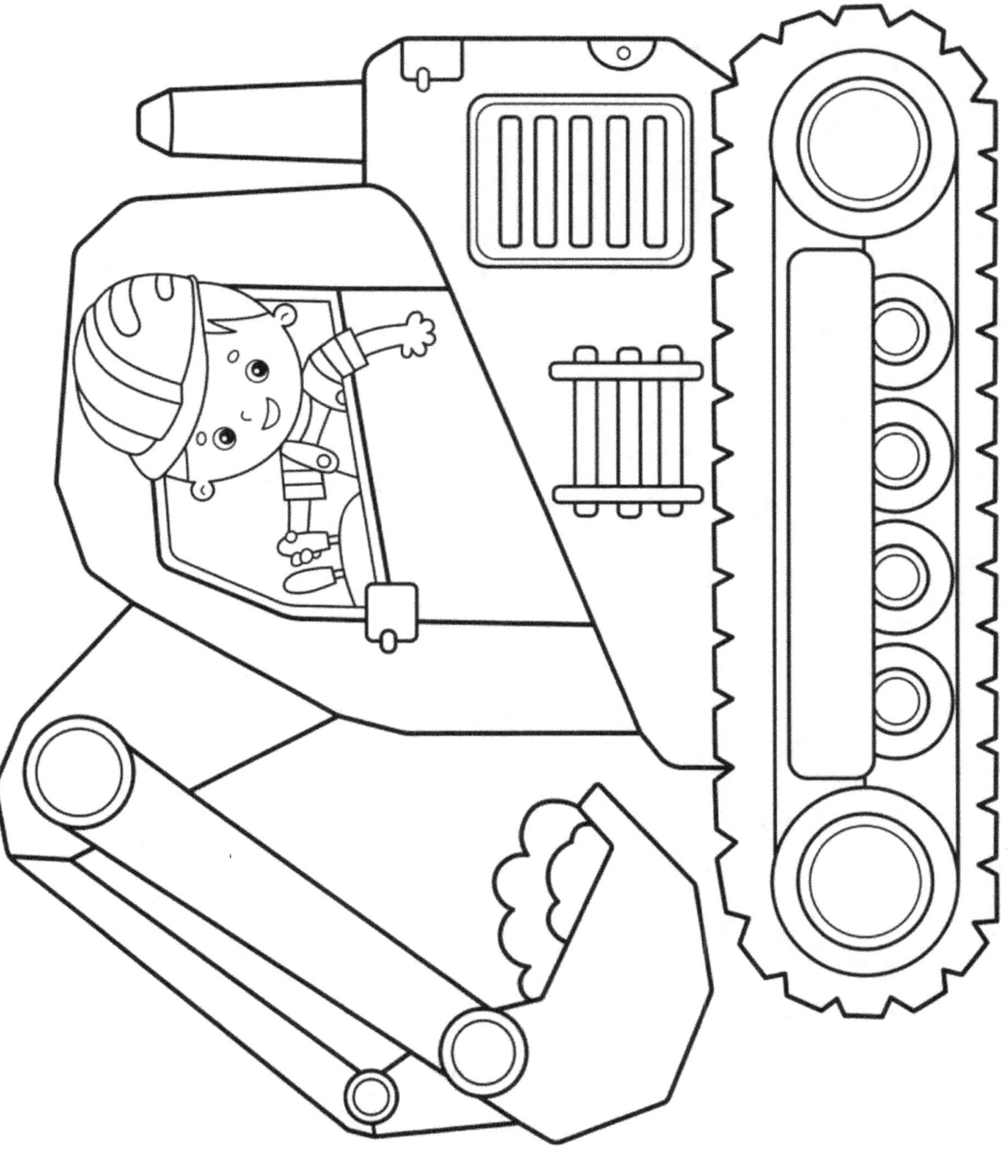

COLOR THIS PAGE

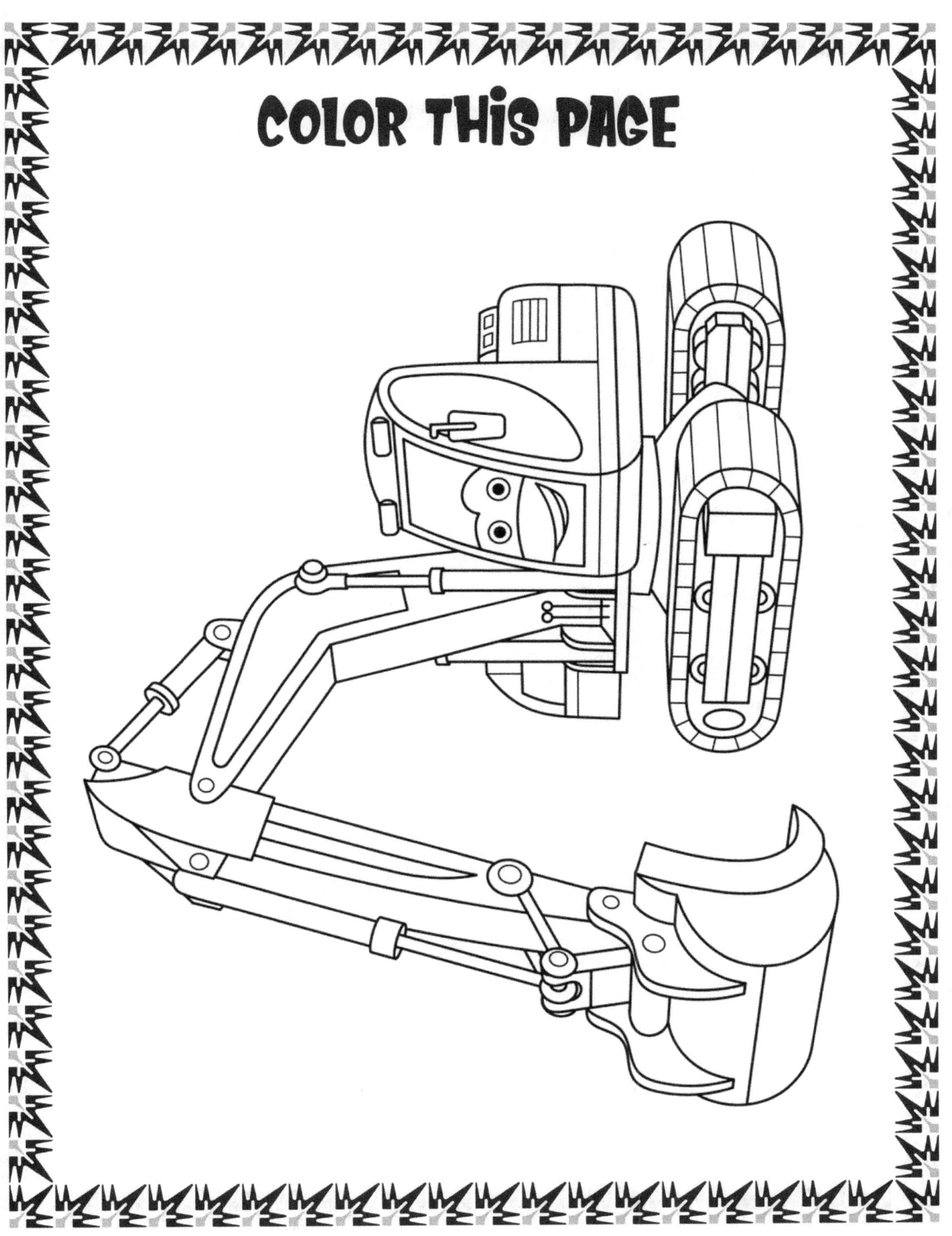

COLOR THIS PAGE

COLOR THIS PAGE

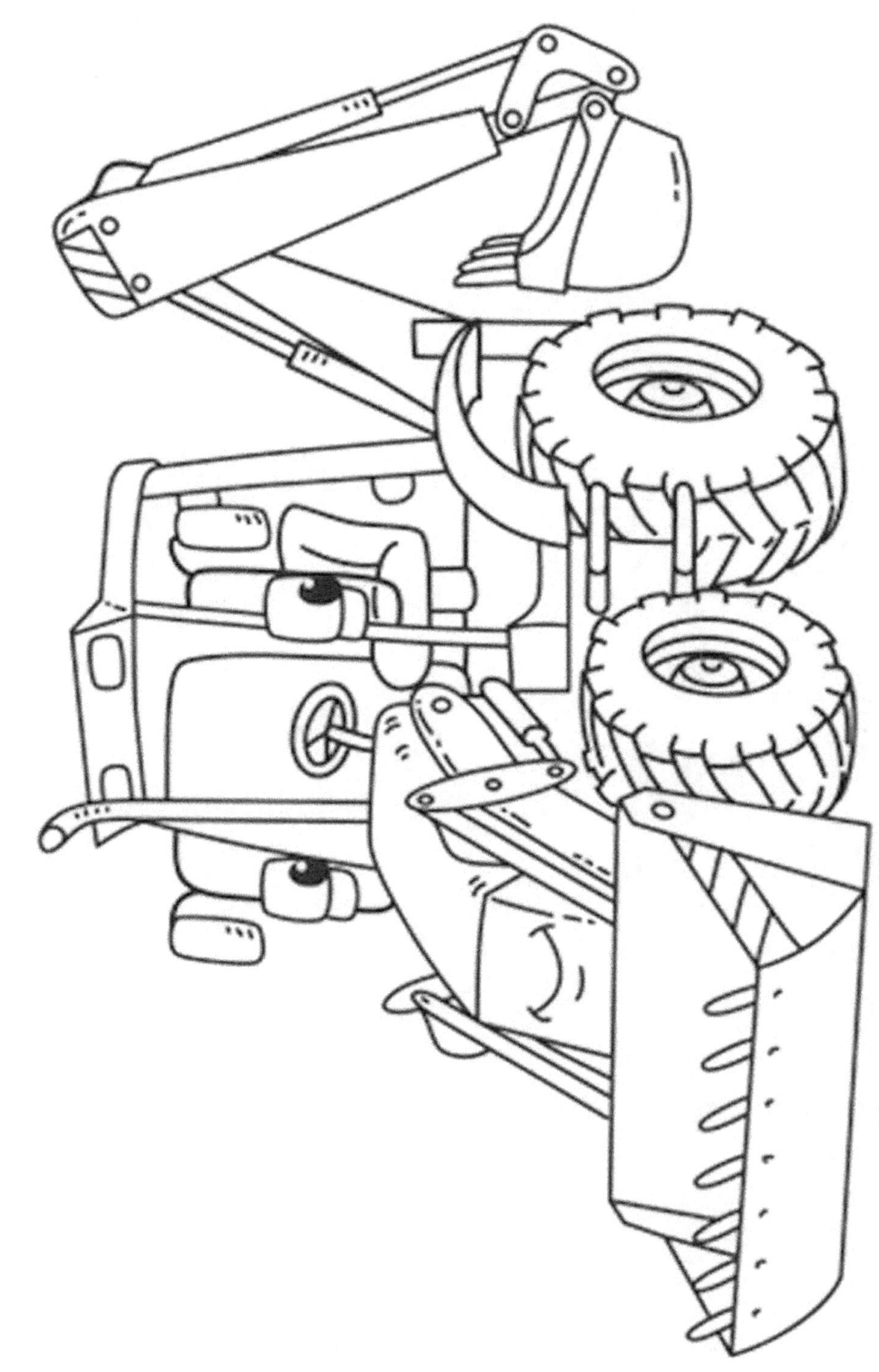

COLOR THIS PAGE

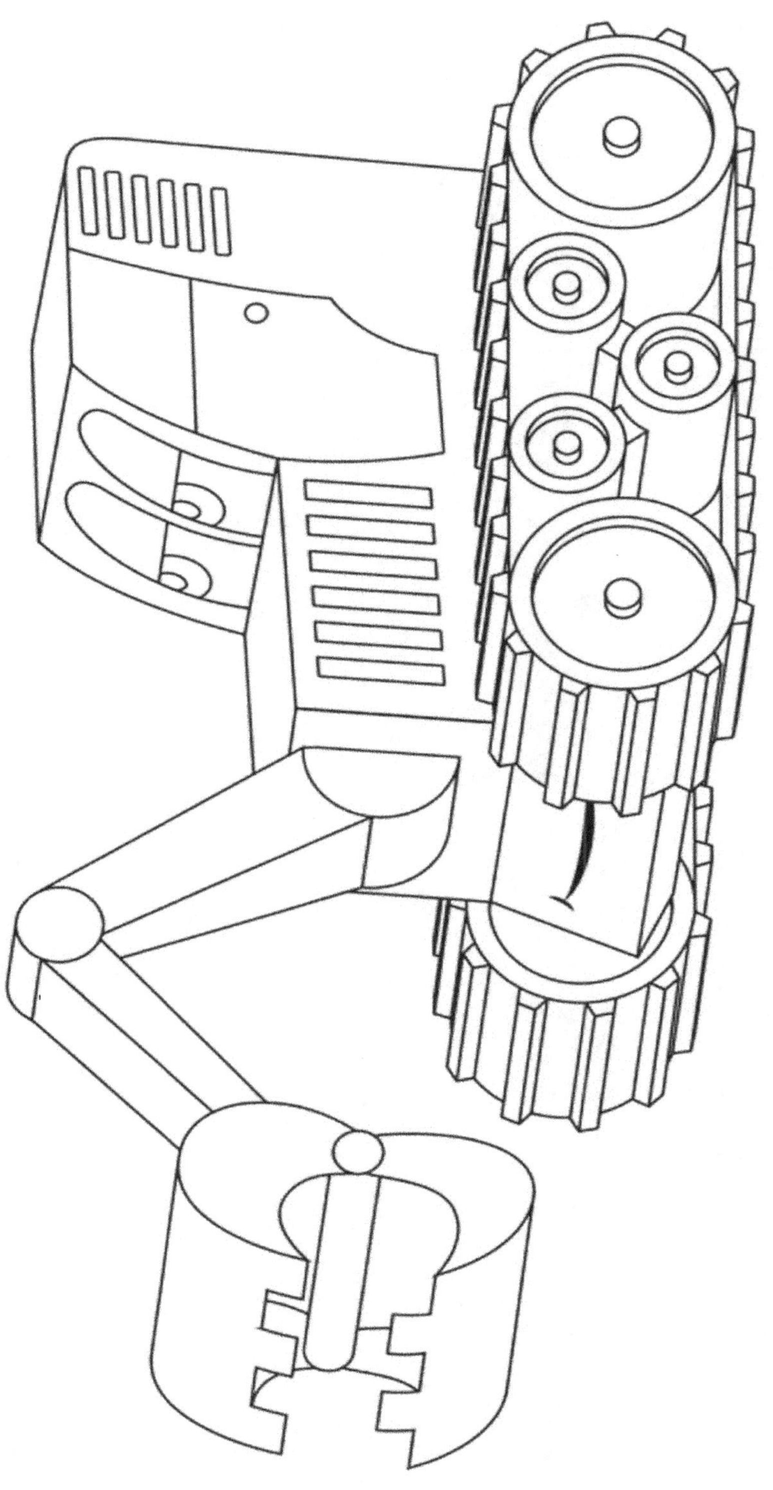

COLOR THIS PAGE

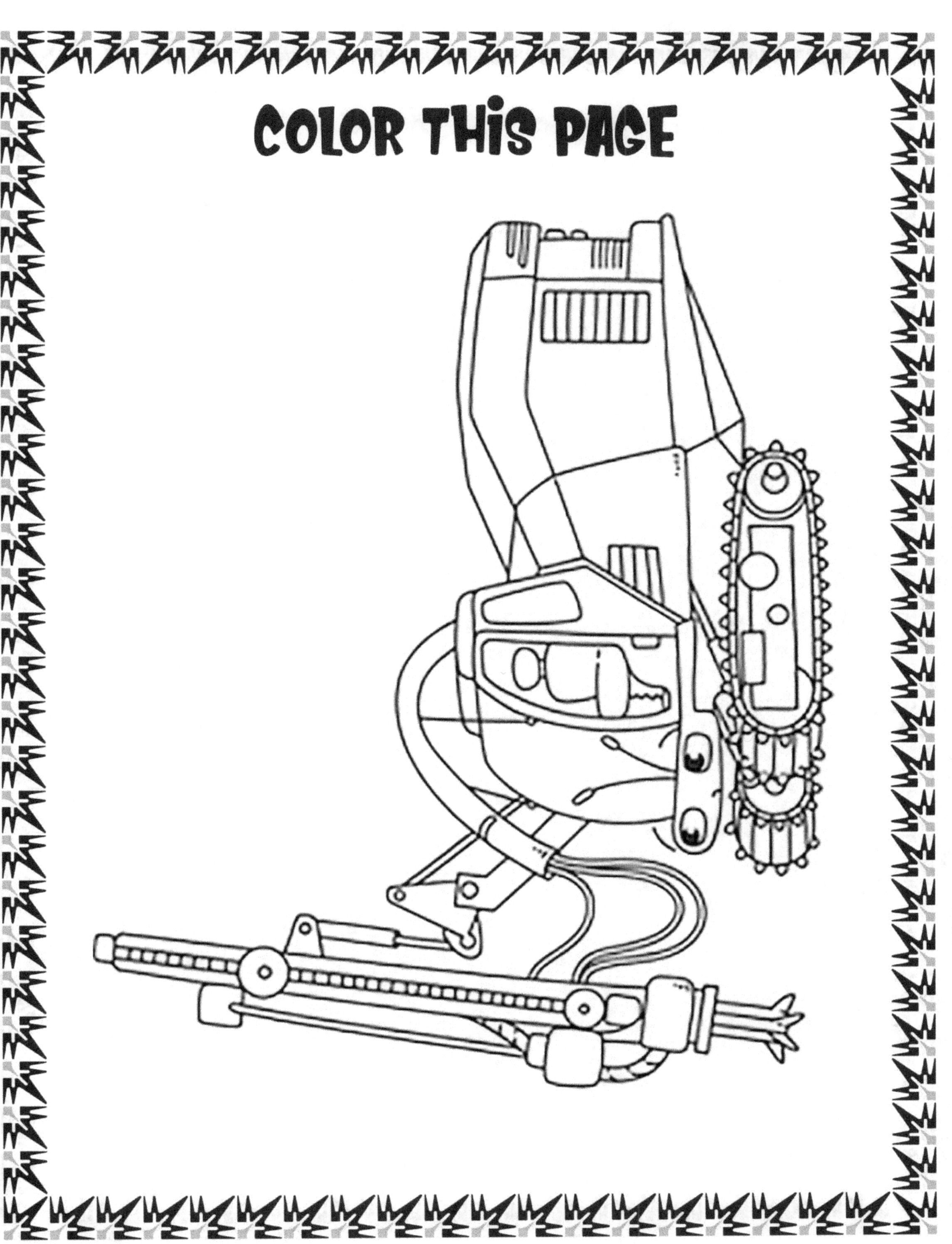

COLOR THIS PAGE

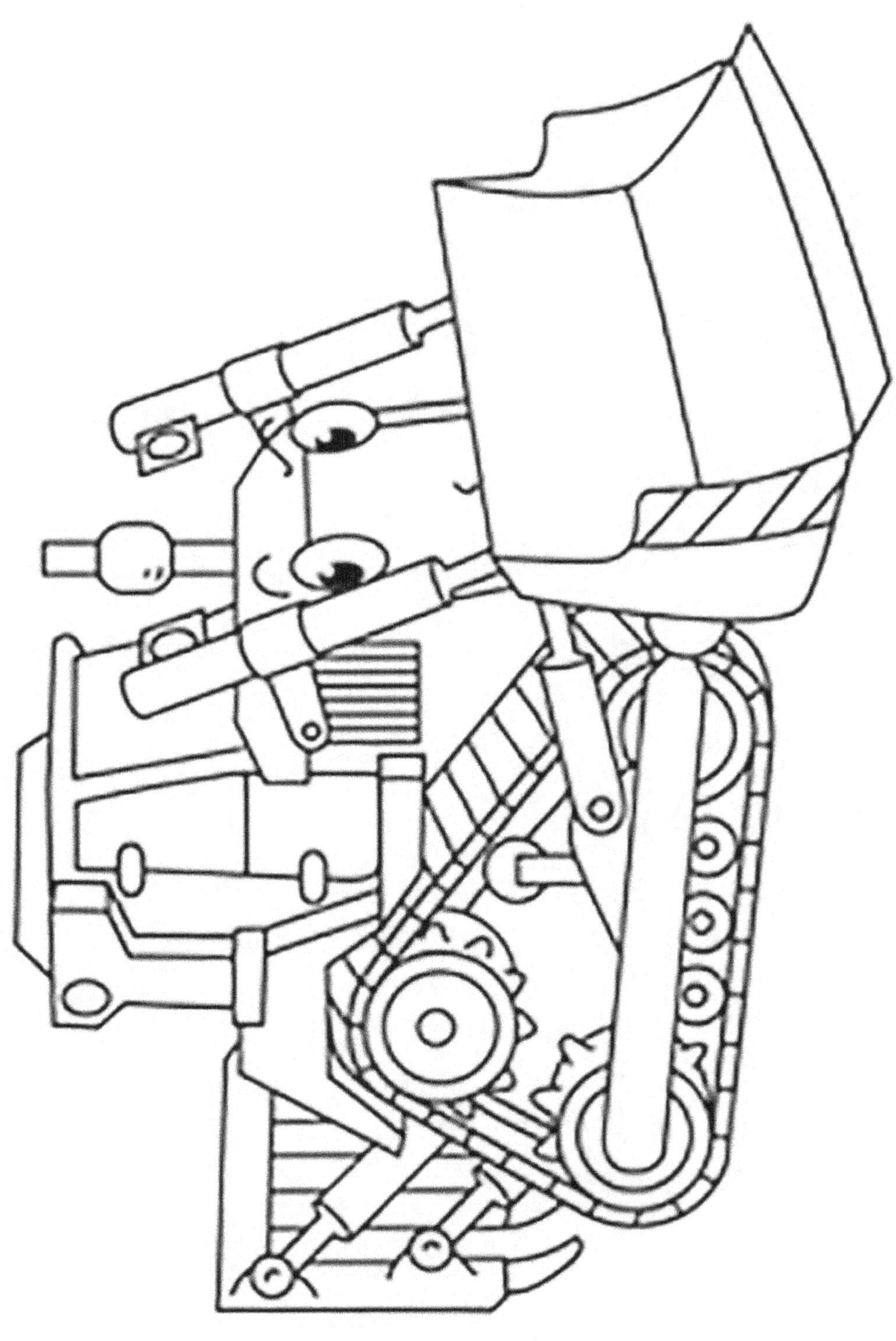

COLOR THIS PAGE

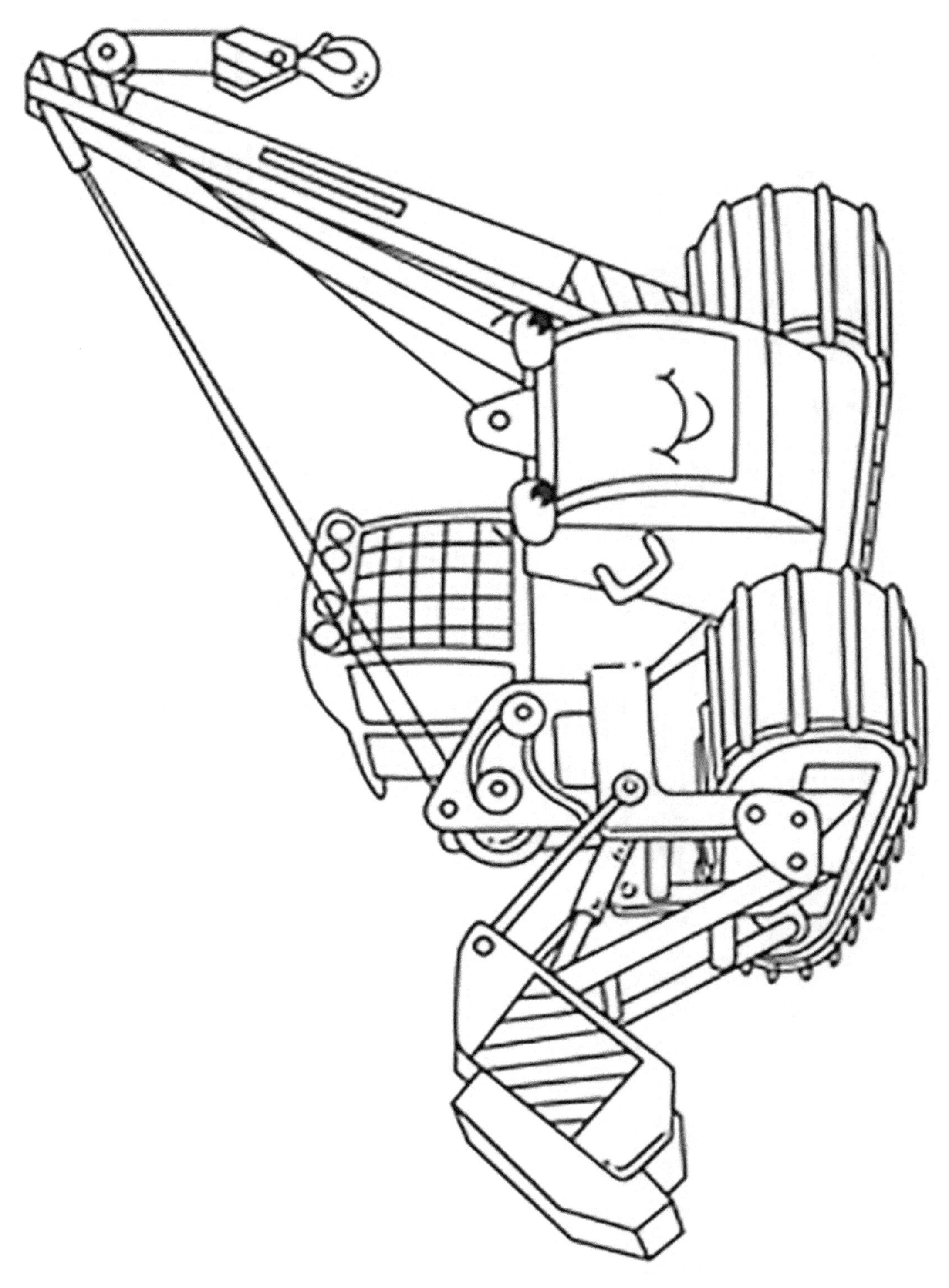

COLOR THIS PAGE

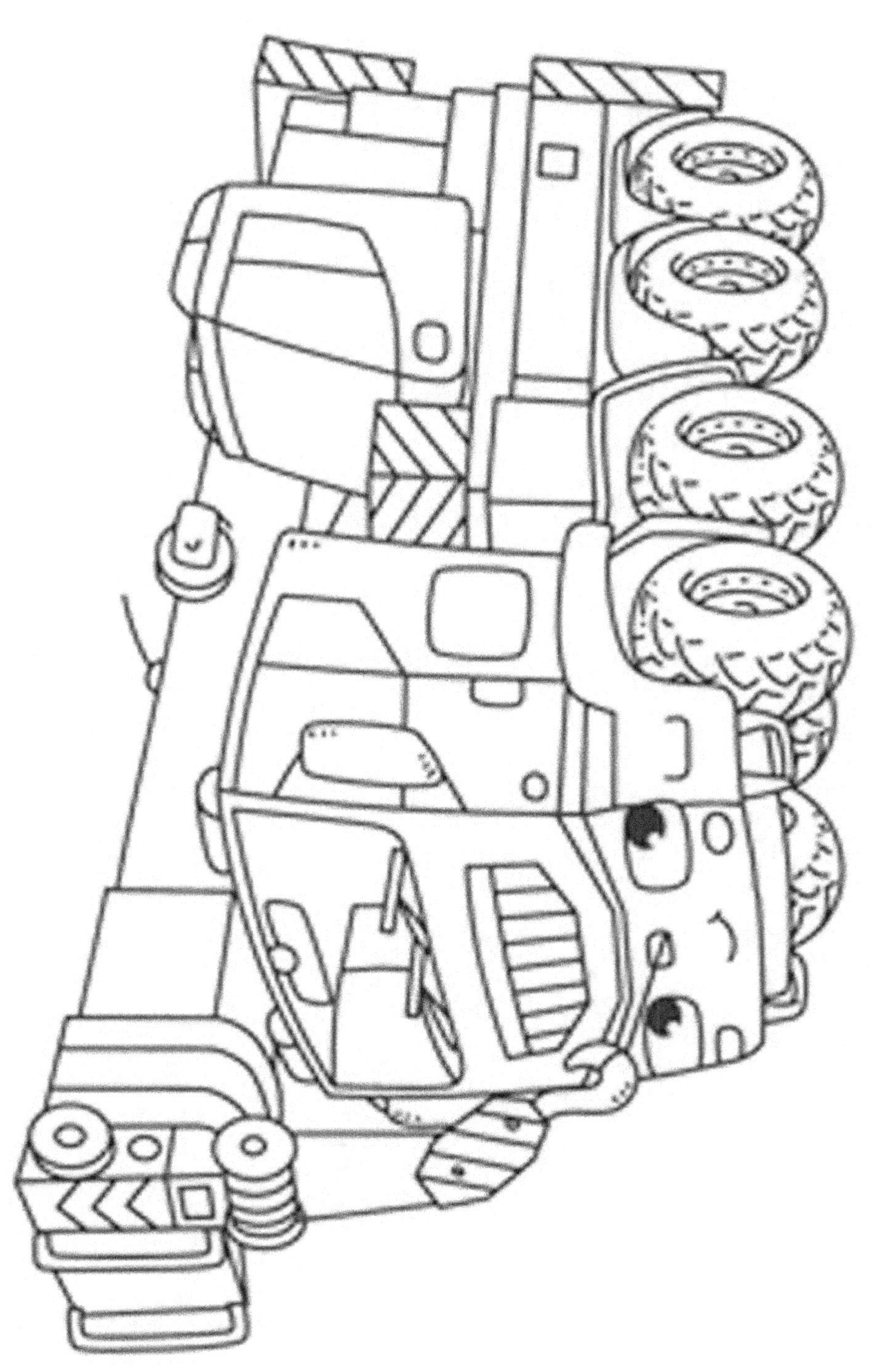

COLOR THIS PAGE

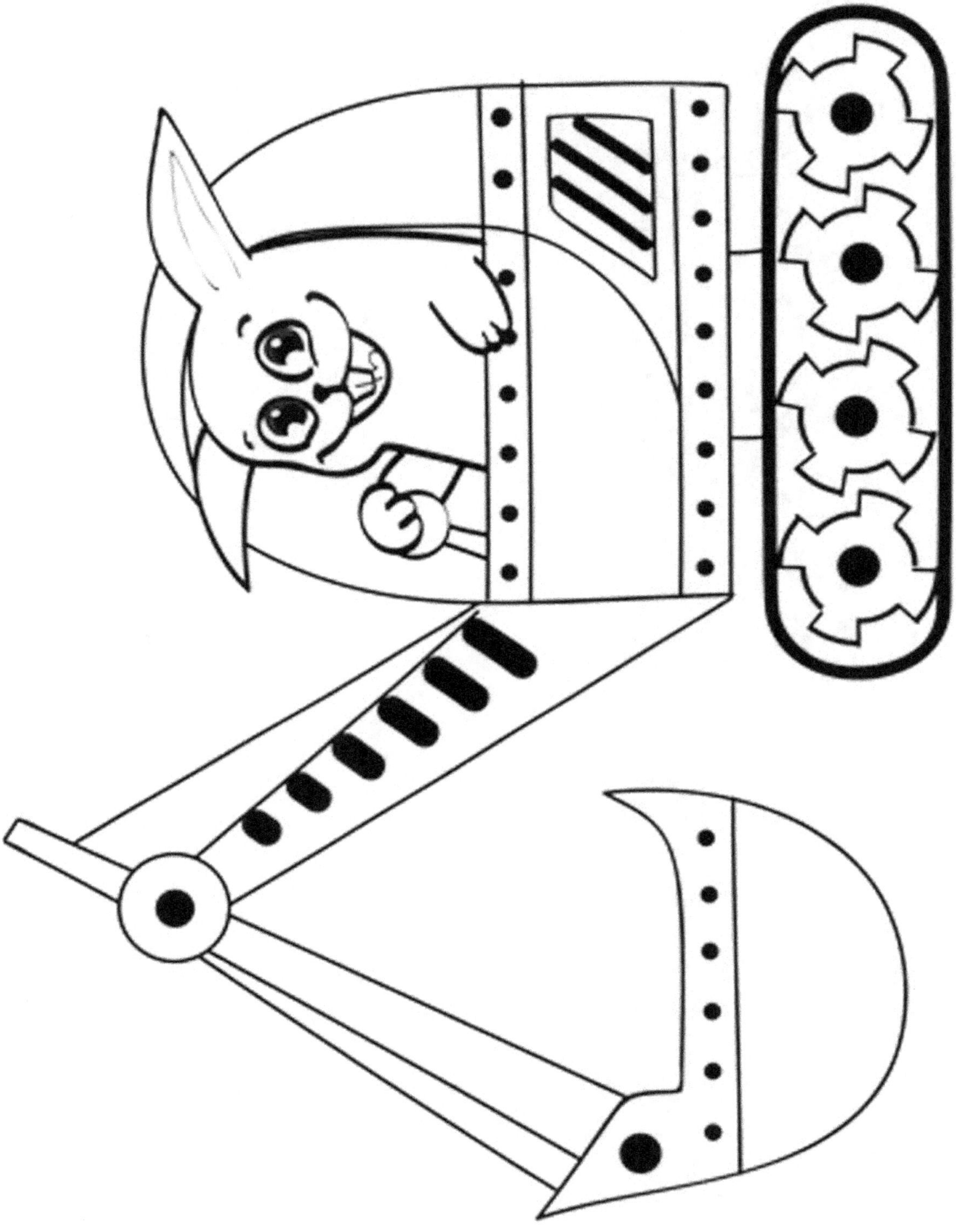

COLOR THIS PAGE

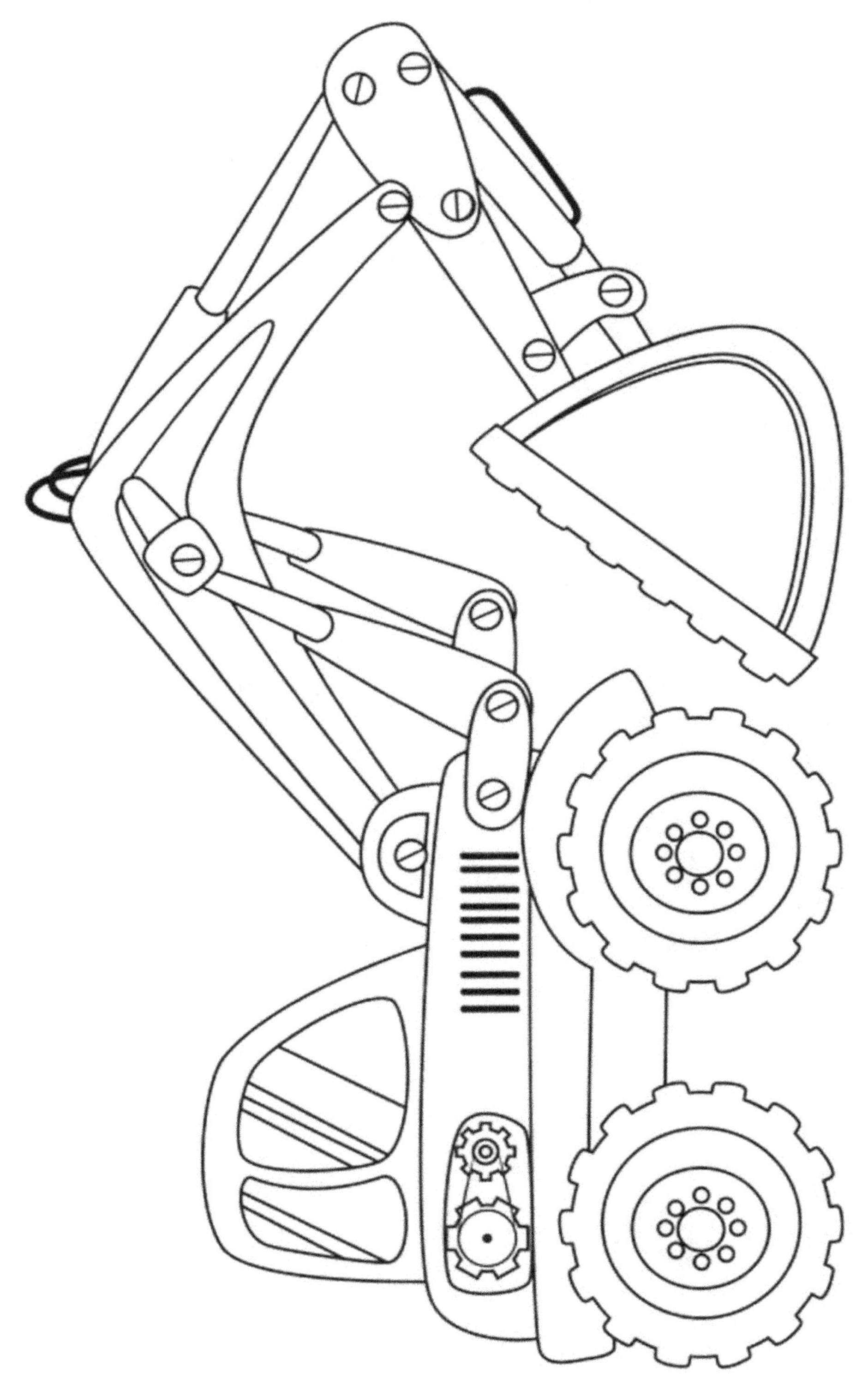

COLOR THIS PAGE

COLOR THIS PAGE

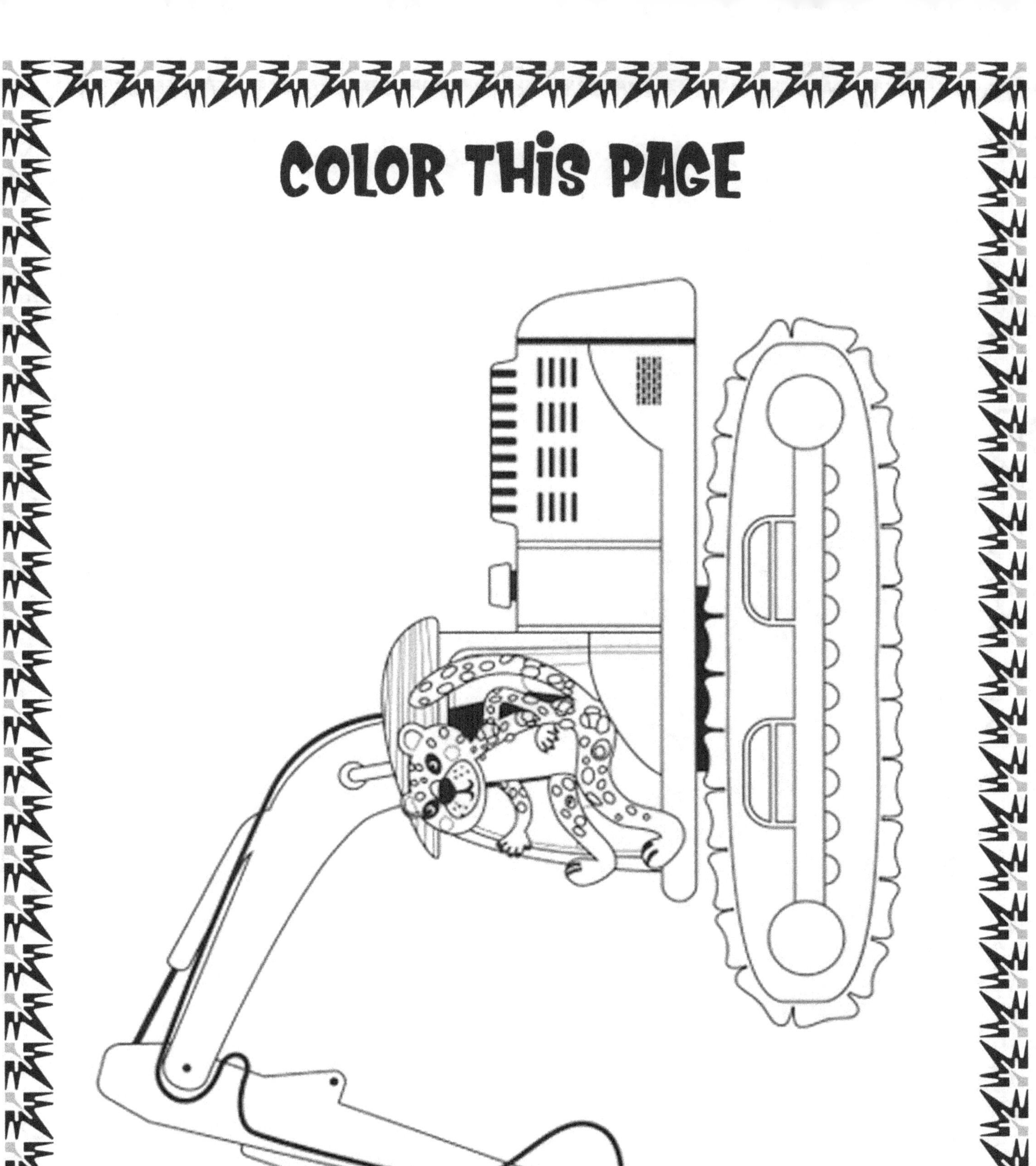

COLOR THIS PAGE

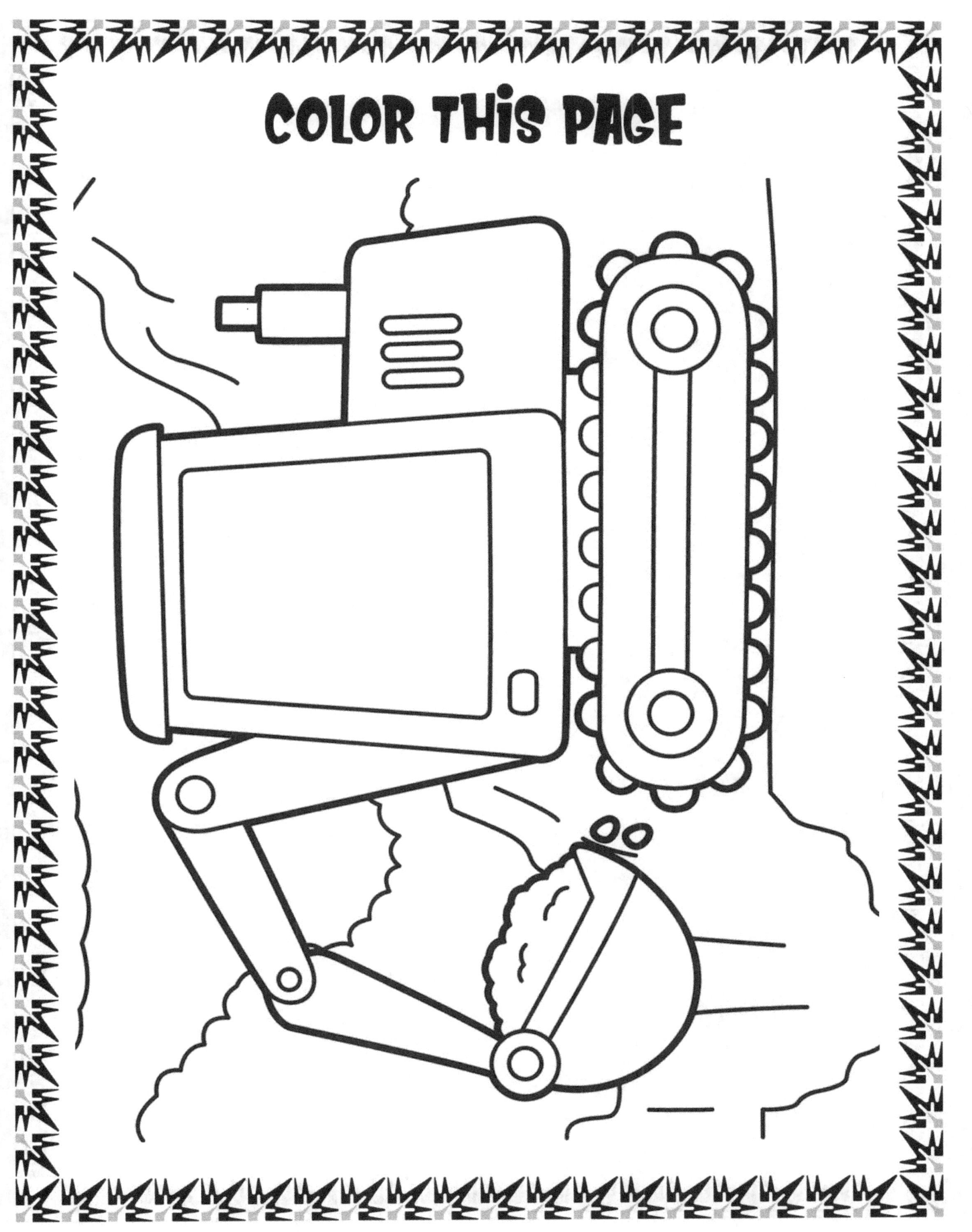

COLOR THIS PAGE

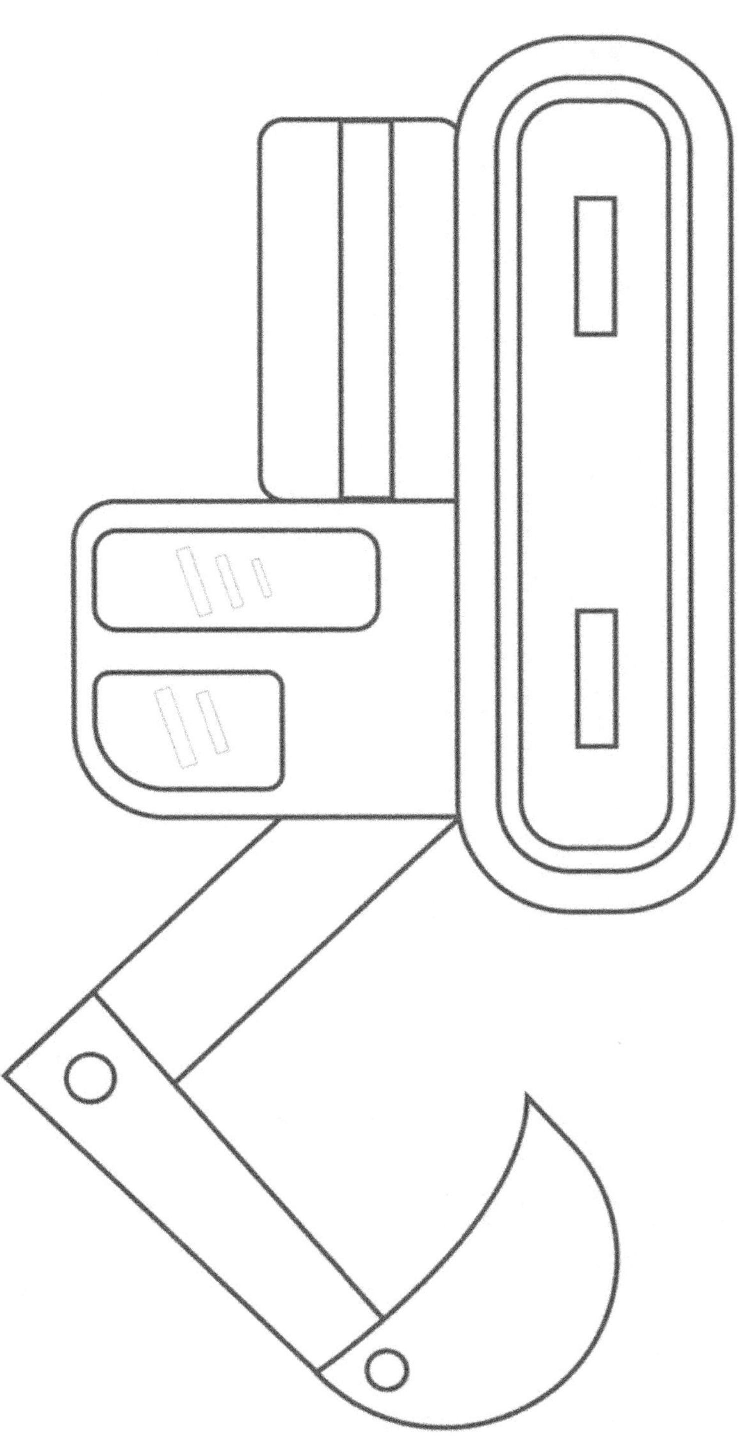

COLOR THIS PAGE

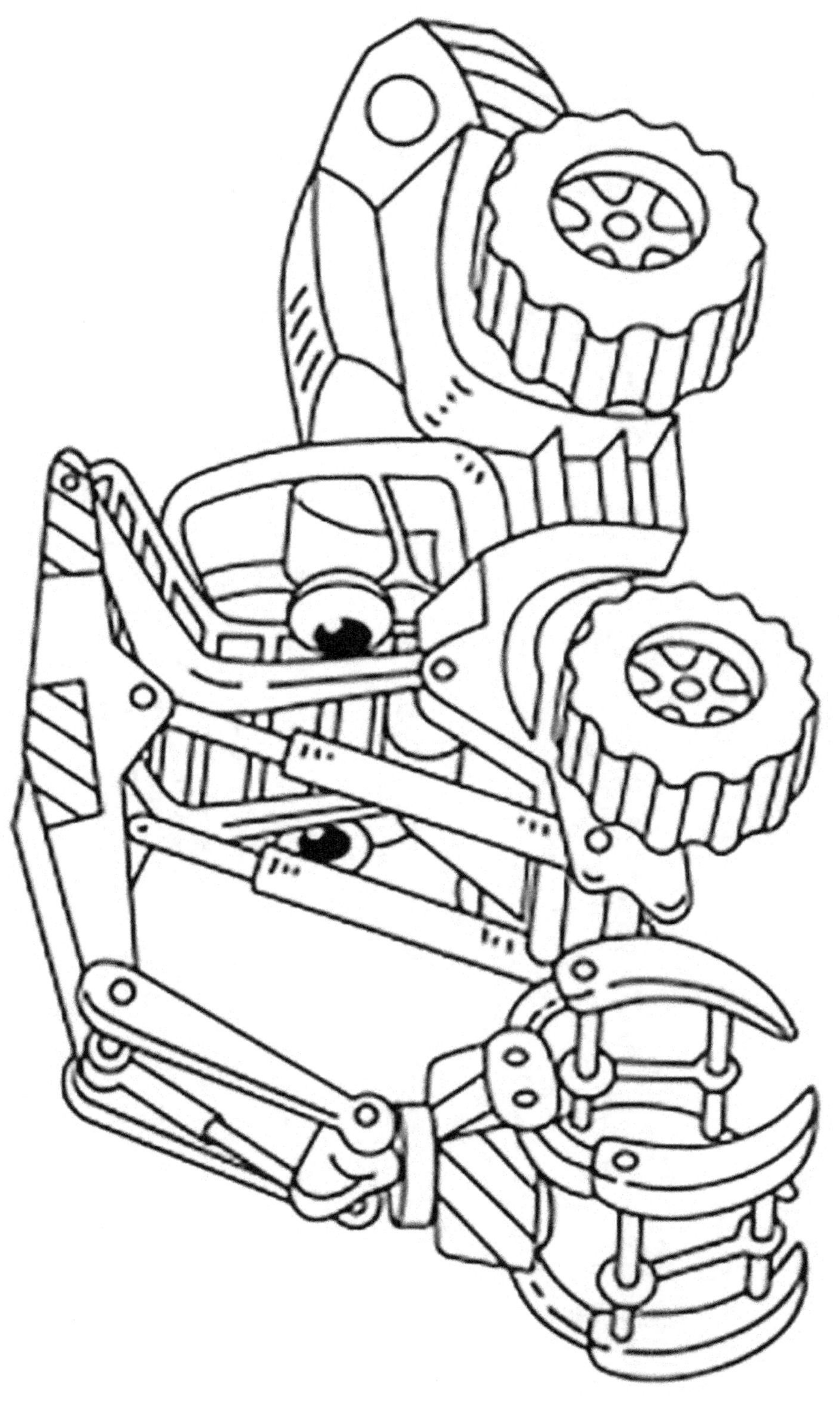

COLOR THIS PAGE

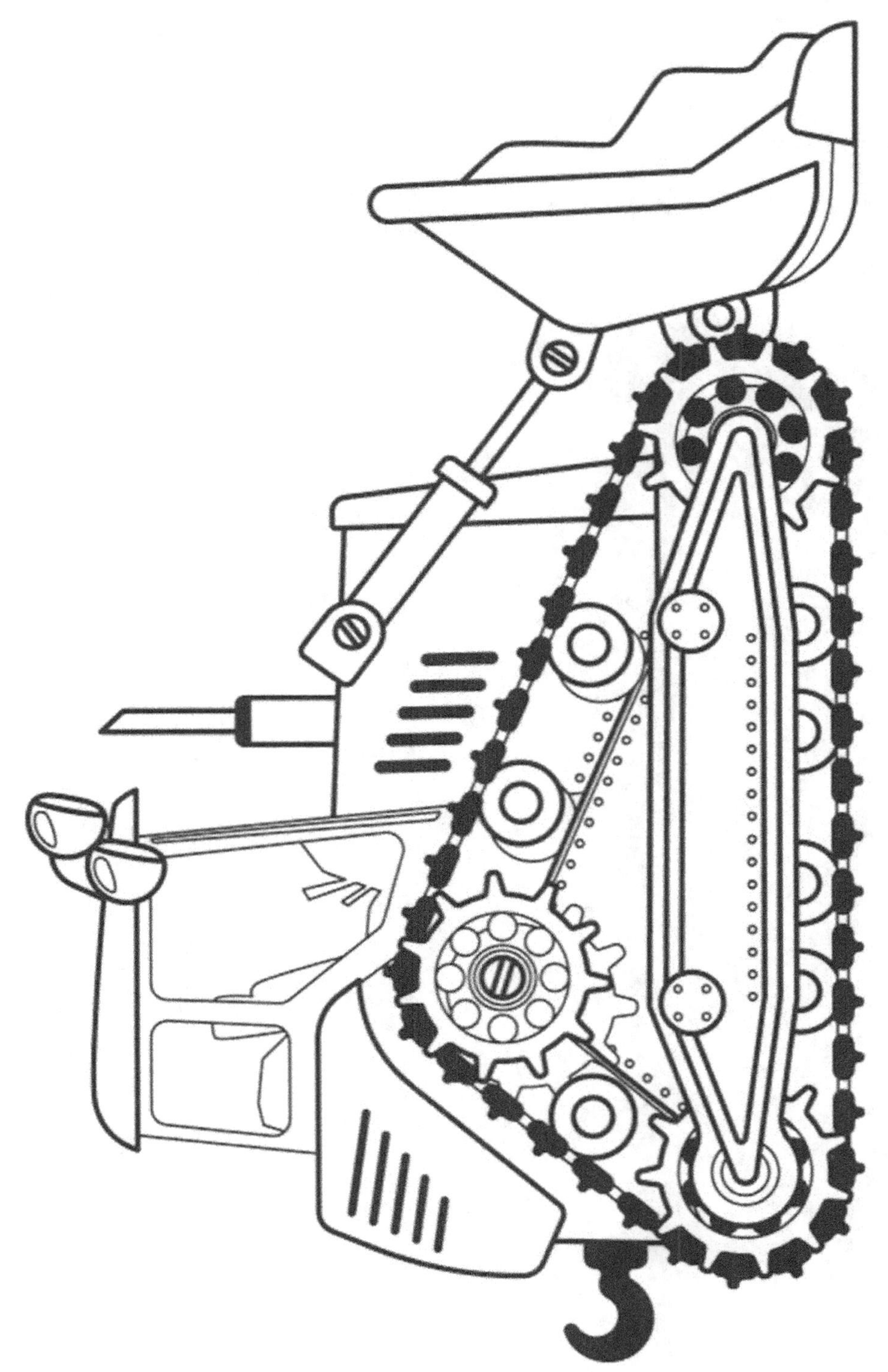

HEY, WE WANT TO HEAR FROM YOU!

PLEASE LEAVE A REVIEW BECAUSE WE WOULD LOVE TO KNOW YOUR THOUGHT'S

thanks for your support

thank
you